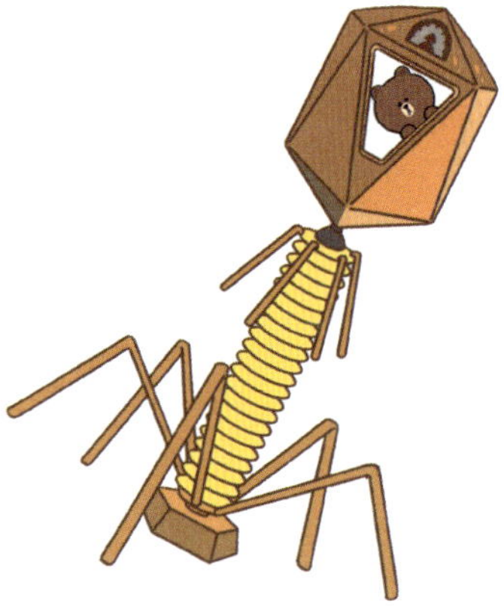

글 **송지혜**

부산대학교에서 분자생물학과 일어일문학을, 고려대학교 대학원에서 과학언론학을 전공했습니다.
제1회 밀크T 창작동화 공모전에서 과학 동화 부문 은상을 수상했습니다. 쓴 책으로 《초등학생이 딱 알아야 할 첨단과학 상식 이야기》, 《자연을 담은 색, 색이 만든 세상》, 《디지털이 종이를 삼키면, 지구 온도는 내려갈까?》 등이 있고, 옮긴 책으로 《알기 쉬운 원소도감》, 《초등학생이 알아야 할 바다 100가지》, 《10대를 위한 최신 과학: 로봇》, 《초등학생을 위한 지식습관: 우주 30》 등이 있습니다.

그림 **도니패밀리**

귀여운 그림과 재미있는 표정 연출이 주특기인 신재환, 정동호 두 그림작가로 이루어진 팀입니다.
그림을 보면서 즐거워하는 독자들의 모습을 상상하면서 신나게 작업하고 있습니다.
펴낸 책으로는 《구해줘 카카오프렌즈》, 《몰입영어 월드트레블》 등이 있습니다.

감수 **황신영**

이화여자대학교 과학교육과를 졸업하고, 동대학원에서 박사 학위를 받았습니다.
현재 이화여자대학교 사범대학부설 영재교육원에서 근무하며, 대학생을 가르치고 있습니다.
쓴 책으로 《멘델이 들려주는 유전 이야기》, 《윌머트가 들려주는 복제 이야기》, 《초등과학 개념사전》, 《초등학생이 꼭 알아야 할 미생물 이야기 33가지》 등이 있으며, 번역한 책으로는 《천재들의 과학노트: 과학사 밖으로 뛰쳐나온 생물학자들》, 《현대 과학의 이정표》가 있습니다.

매직 엘리베이터

라인프렌즈 지식그림책

바이러스

글 송지혜 | 그림 도니패밀리 | 감수 황신영

아울북

매직 엘리베이터 클럽

엘베르토와 함께 매직 엘리베이터를 타고 세상의
모든 지식을 찾아 모험을 하는 클럽이다.
매직 엘리베이터 클럽을 줄여서 '매직 엘리 클럽'이라고도 한다.
호기심이 늘 샘솟는다면
누구나! 매직 엘리 클럽의 회원이 될 수 있다.

엘베르토

매직 엘리베이터를 타면 나타난다.
누구인지, 어디서 오는지 알 수 없다.
모르는 게 없다. 그만큼 말이 많다.
아직도 알고 싶은 게 너무 많다.

매직 엘리베이터

평소엔 평범한 엘리베이터다.
호기심이 발동하는 순간
매직 엘리베이터가 된다.
매직 엘리베이터는
시간과 공간을 초월한다.
매직 엘리베이터의 능력과 한계는
아직 밝혀지지 않았다.

매직 엘리 클럽 규칙

- ✓ 하나. 궁금한 건 참지 않는다.
- ✓ 둘. 매직 엘리베이터를 타고 신나게 모험을 즐긴다.
- ✓ 셋. 모험을 한 후 내 마음대로 보고서를 쓴다.

브라운

무뚝뚝, 무표정하지만
곁에 있는 것만으로
든든한 친구.

열정과 에너지가
넘치는 친구.

코니

초코

브라운의 동생.
궁금한 것도,
꿈도 많은 친구.

★ 매직 엘리 클럽 회원 소개 ★

라인 아파트에 사는 사이좋은 친구들.
우연히 매직 엘리베이터의 비밀을 알게 되었고,
엘베르토와 함께 매직 엘리베이터를 타고 마법 같은 여행을 한다.

"세상에는 궁금한 것도, 알아 갈 것도, 경험할 것도 너무 많아!
정말 신나는 일이야!"

에드워드

책을 좋아하고,
스피드를 즐기는
친구.

레너드

미스터리를 좋아하고,
엘베르토의 비밀에
관심이 많은 친구.

제시카

언제나 명쾌하고
똑 부러지는 친구.

샐리

친구들 중 가장 힘이 세고,
엘베르토만큼 수다스러운
친구.

팡요

집에 있는 것을 제일
좋아하는 친구.

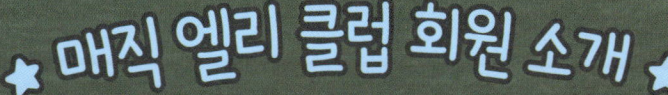

정말 근사한 클럽이군! 나도 함께할 수 있을까?

아침에 눈을 떠 보니 주변이 새하얀 세상이었어. 밤새 눈이 내린 거야. 친구들은 벌써 밖으로 나와 두 손 가득 눈을 뭉치고 있었어. 그때 코니가 우리 앞을 지나갔어.

"코니, 같이 놀자!"

하지만 코니는 아쉬운 표정을 지었어.

"미안, 나는 오늘 감기 예방 주사를 맞으러 가야 해서."

감기는 왜 걸릴까?

감기는 바이러스 때문에 걸린다. 감기를 일으키는 바이러스의 종류는 200여 가지나 된다. 대표적으로 리노바이러스, 아데노바이러스, 코로나바이러스 등이 있다.

진짜 감기약은 없다?

감기를 일으키는 바이러스의 종류는 너무나 다양하기 때문에 한 번에 해결할 수 있는 약을 만들 수 없다. 우리가 먹는 감기약은 콧물이나 기침, 두통 등의 증상을 가라앉혀 감기를 잘 이겨 낼 수 있도록 돕는 역할을 할 뿐이다. 푹 쉬고 잘 먹는 것으로도 우리 몸은 스스로 감기를 이겨 낼 수 있다.

과학 낱말 사전

면역: 밖에서 들어온 나쁜 물질로 부터 스스로를 보호하는 우리 몸의 작용.

코니의 말에 제시카는 고개를 갸웃거렸어.

"감기 예방 주사가 아니라 독감 예방 주사 아니야?"

"감기나 독감이나 그게 그거지 뭐."

"아니야, 둘은 달라!"

제시카와 코니의 대화를 듣던 우리는 갑자기 궁금해졌지. 감기와 독감은 정말 다른 걸까? 왜 우리는 감기에 걸리는 거지?

겨울에 감기가 더 잘 걸리는 이유는?

감기바이러스는 사계절 내내 우리 주변에 있다. 그중 특히 겨울에 감기가 잘 걸리는 이유는 명확하게 밝혀지지 않았다. 많은 연구자들은 감기바이러스가 추위 때문에 체온이 떨어지고 건조해져 약해진 몸에 쉽게 들어올 수 있기 때문이라고 한다. 또한 환기가 되지 않는 실내에서의 활동이 많아지면 다른 사람에게 감기 바이러스가 옮겨 갈 가능성이 높아질 수 있다.

놀랍게도 추운 남극에서는 감기에 잘 걸리지 않는다. 사람들이 많이 살고 있는 대륙과 멀리 떨어져 있고, 겨울이 되면 영하 20~30도까지 내려가는 너무 추운 곳에서는 바이러스가 살아남기 힘들기 때문이다.

아지트로 돌아온 우리는 감기와 독감에 대해 열심히 조사하기 시작했어. 시간이 얼마나 흘렀을까? 인터넷으로 자료를 검색하던 제시카가 갑자기 일어나 외쳤어.

"감기와 독감은 모두 바이러스 때문에 걸리는 거야! 하지만 바이러스의 종류는 서로 달라!"

바이러스는 생물일까?

바이러스는 평소엔 돌멩이처럼 전혀 활동이 없다. 먹이를 먹지도 않고, 성장을 하지도 않는다. 하지만 다른 생물의 몸 안으로 들어가는 순간 마치 살아 있는 것처럼 활동한다. 세포를 자신의 영양분 삼아 활발하게 수를 늘리고 결국 세포를 파괴한다. 이를 감염이라고 한다.

바이러스는 너무 작아서 전자현미경이라는 특수한 현미경으로 관찰해야 한다. 일반적인 광학현미경의 경우 2000배까지 확대가 가능하지만 전자현미경은 물체를 수만 배나 확대해서 볼 수 있다.

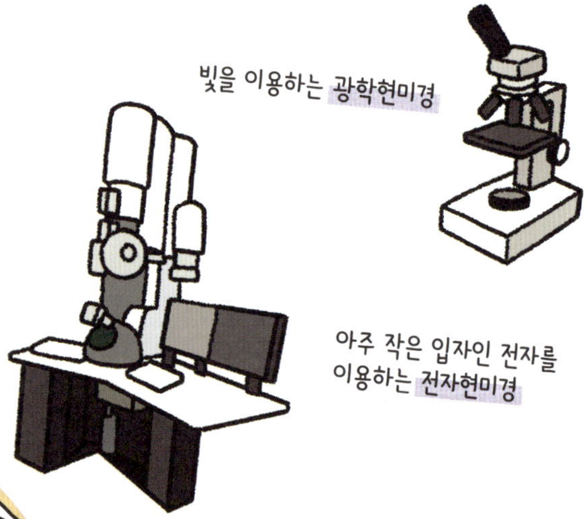
빛을 이용하는 광학현미경
아주 작은 입자인 전자를 이용하는 전자현미경

독감 예방 접종이구나.
바이러스는 어떻게 생겼을까?
바이러스를 관찰하고 싶어!
직접 만나면 안 될 것 같은 기분이 들어.
무섭게 생겼을 것 같아.
궁금해, 바이러스!

과학 낱말 사전

단백질: 생명체를 구성하는 주요 물질.
유전자: 부모로부터 자식이 물려받는 특징을 담은 물질.

"바이러스?"
왠지 무시무시하게 들리는 단어였지. 에드워드가 책 사이로 고개를 쑥 내밀며 말했어.
"바이러스는 너무 작아서 눈으로 볼 수 없대. 하지만 병이 들게 하거나 목숨을 앗아 갈 정도로 무시무시한 힘을 가지고 있어."

바이러스의 구조는 매우 단순하다. 안쪽에는 바이러스 유전자가 있다. 겉면은 막으로 덮여 있는데 막이 없는 바이러스도 있다.

작지만 정말 무시무시해.

바이러스를 조사하면 조사할수록 우리들의 호기심은 더욱 커져만 갔어. 우린 너나없이 엘리베이터로 뛰어갔어.

05
바이러스… 도대체 어떤 녀석일까?
바이러스를 눈으로 볼 수 있을까?
불길한 기운이 느껴져.
바이러스한테 공격 당할 수도 있잖아.

엘리베이터 문이 열렸을 땐 주변이 엄청나게 커져 있었지. 우린 한목소리로 외쳤어.

“우리가 작아졌나 봐!”

그때 뒤에서 낯익은 목소리가 들려왔어.

얘들아,
엘리베이터 모습이
바뀌었어!
저게 뭐야?

아데노바이러스
감기바이러스 중 하나로 눈병이나
장염을 일으키기도 한다.
코로나바이러스
코로나바이러스감염증-19를 일으킨다.
최근 새롭게 나타나는 전염병은 대부분
코로나바이러스의 한 종류이다.
광견병바이러스
뇌의 염증을 일으킨다.
감염된 동물에게 물려서
전염되며 거의 100%
사망한다.
으악! 이게
다 뭐야?
무서워.
으앙!
우리가 사는 모든 곳에
바이러스가 있어.
크기도, 모양도
정말 다양하네.
에볼라바이러스
심한 통증과 고열, 호흡기나
몸속 장기에 출혈을 일으킨다.

"다들 바이러스를 만날 준비가 됐어?"
엘베르토였어! 장난기 가득한 모습의 엘베르토는 놀란 우리를 향해 잘난 체하며 말했어.
"너무 작아서 그 동안 보이지 않았던 것들을 이제 볼 수 있게 된 거야. 사실 바이러스는 공기, 땅, 바다 어디에나 있지!"

바이러스는 사실 색이 없다. 거의 투명에 가깝다. 바이러스가 알록달록한 것처럼 보이는 것은 일부러 색깔을 입혀 구분하기 좋게 한 것이다.

바이러스는 라틴어로 독을 뜻한다.

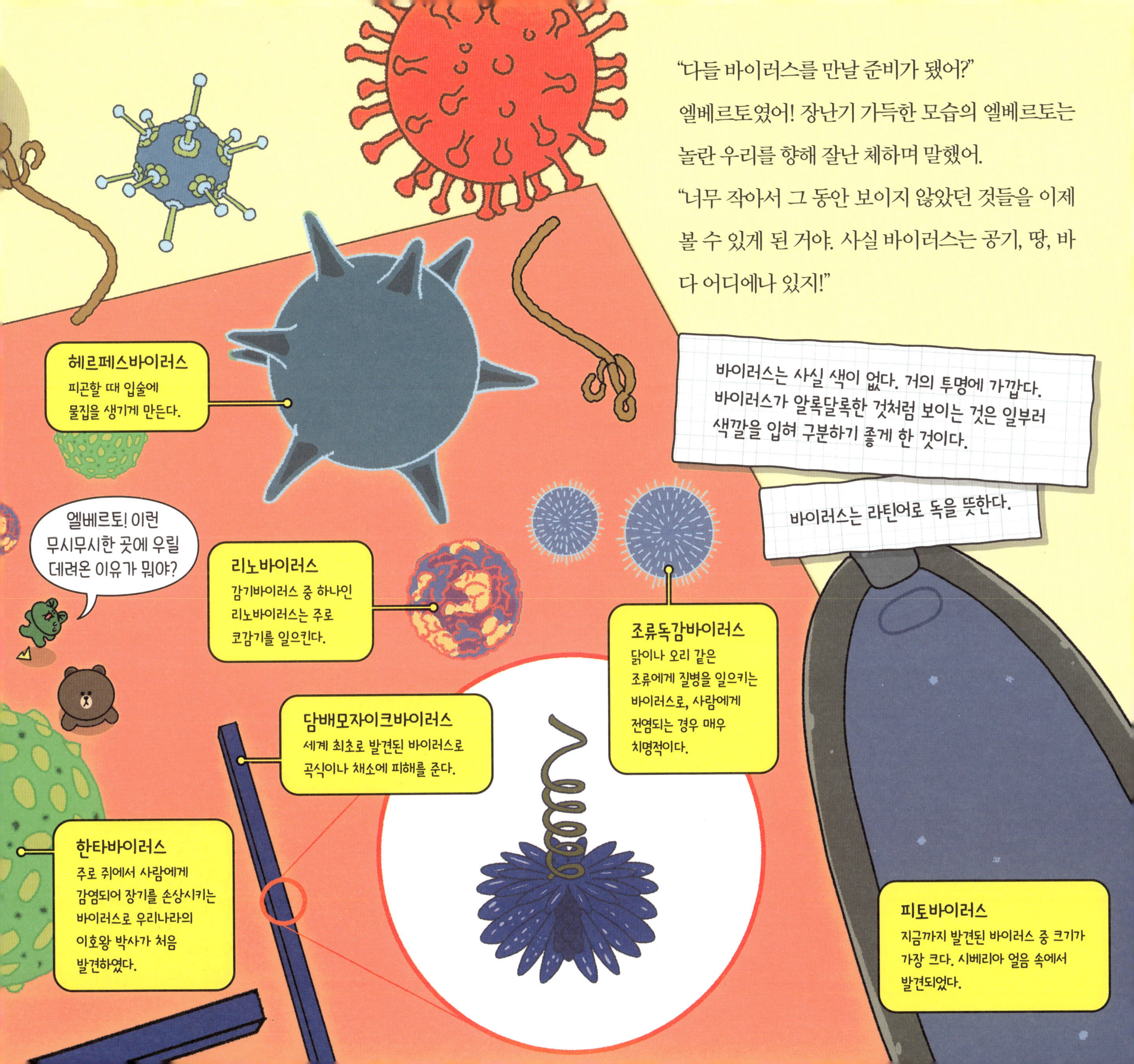

팡요가 겁에 질린 표정으로 말했어.

"바이러스가 다 사라지면 좋겠어!"

"우리에게 해를 끼치지 않는 바이러스도 있어. 예를 들면 이것처럼."

엘베르토는 우리 뒤에 서 있는 엘리베이터를 가리키며 말했어.

우린 모두 깜짝 놀랐지.

"이게 바이러스라고?"

해롭지 않은 바이러스, 박테리오파지

박테리오파지는 세균을 잡아먹는 바이러스다. 오직 세균만 공격할 뿐, 동물이나 사람, 환경에는 특별한 영향을 주지 않는다. 과학자들은 이런 박테리오파지의 특성을 이용해서 강력하고 해로운 세균을 없애는 치료 방법을 연구하고 있다.

박테리오파지는 여러 종류가 있다. 가장 유명한 박테리오파지는 T4로, 대장균을 공격한다.

"매직 엘리베이터가 박테리오파지라는 바이러스 모양으로 변한 거야. 박테리오파지는 세균만 공격하니까 안심해."

엘베르토의 말에 초코가 물었어.

"그럼 박테리오파지는 좋은 바이러스야?"

"맞아, 그래서 아주 중요한 연구 재료로 사용되고 있지. 자, 이제 진짜 바이러스를 찾으러 가 보자고!"

바이러스는 혼자 살아갈 수 없기 때문에 자신에게 영양을 공급해 줄 살아 있는 생명체가 필요하다. 이것을 숙주라고 한다. 동물과 식물, 그리고 세균 모두가 바이러스의 숙주가 될 수 있다.

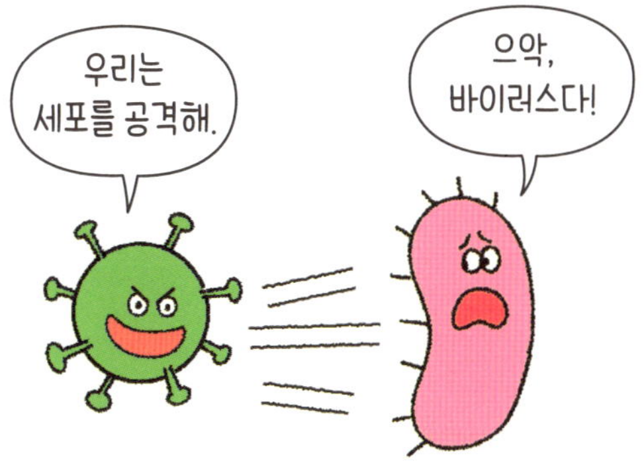

과학자들은 지구에 있는 세균의 수가 너무 많아지지 않고 적절하게 유지되는 이유 중의 하나가 박테리오파지의 활동 덕분이라고 생각한다.

바이러스로 암 치료를?

세포 안으로 들어가 세포를 파괴시키는 바이러스의 성질을 거꾸로 이용하면 암 치료에 이용할 수 있다. 바이러스의 유전자를 변형해 암세포만 공격하도록 만드는 것이다. 이처럼 바이러스를 이용해 암을 파괴하는 새로운 치료법을 바이러스 치료라고 부른다.

과학 낱말 사전

세포: 생물을 이루는 기본 단위. 생물마다 가지고 있는 세포의 개수는 다르다.

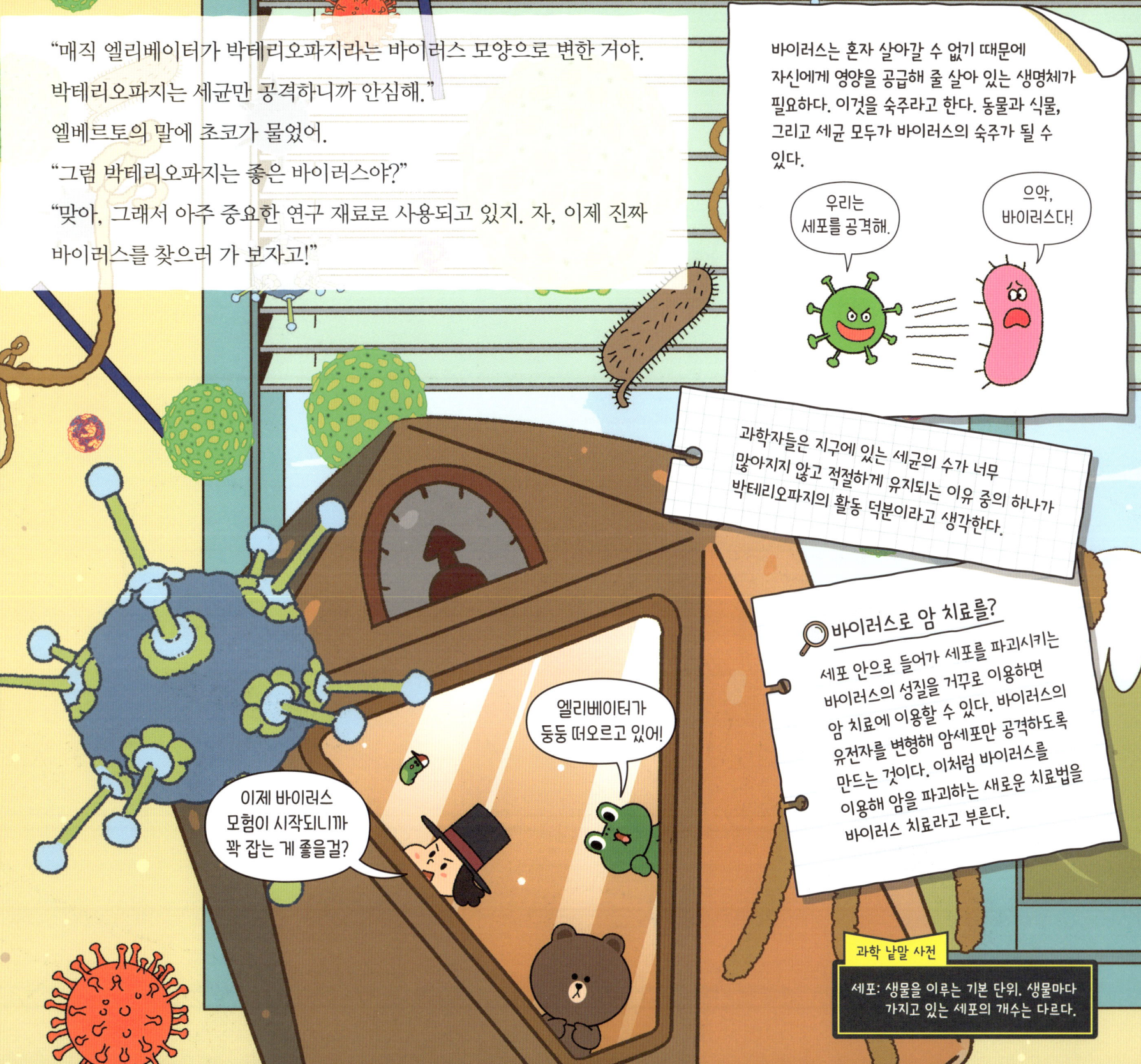

에에엣취! 그때 우렁찬 기침 소리가 들리더니 우리 옆으로 거대한 침방울이 빠르게 스쳐 지나갔어.

"침방울에 바이러스가 있을지도 몰라! 바이러스는 침방울이나 공기, 손을 통해 여기저기 옮겨 가지."

경비 아저씨가
엄청나게 커졌어!
우리가
작아진 거야.
에취!
슝!

엘베르토는 망설임 없이 버튼을 눌렀어. 그러자 엘리베이터의 방향이 경비 아저씨의 얼굴을 향해 기울었어. 우리는 균형을 잃고 엉덩방아를 찧고 말았지. 그러거나 말거나 엘베르토가 외쳤어.
"출발!"
엘리베이터는 잠시 흔들리더니 엄청난 속도로 경비 아저씨 얼굴을 향해 날아가기 시작했어. 쿠탕당탕! 조금 뒤 세게 부딪히는 소리가 나고 우리는 엘리베이터 밖으로 튕겨 나왔지.

바이러스는 어떻게 전파될까?

모기는 여러 동물의 피를 빨아 먹으며 바이러스를 옮긴다. 모기는 사람의 목숨을 가장 많이 앗아가는 동물이다.

식물의 수액을 빨아 먹는 진딧물은 식물과 식물 사이에 바이러스를 옮긴다.

최근 유행하는 바이러스 전염병은 주로 야생동물 몸속에서 사람으로 옮겨 왔다.
박쥐 낙타 쥐

자, 출발!

자, 잠깐! 너무 빨라!

어지러워!

으아아아

공기중에 떠다니는 바이러스를 들이마시거나 바이러스가 들어 있는 콧물이나 침이 사람의 손이나 입, 코에 묻어서 몸속으로 들어갈 때 바이러스에 감염된다.

사람과 동물이 함께 걸리는 질병을 인수 공통 전염병이라고 한다. 광견병, 조류인플루엔자, 코로나바이러스감염증-19 등은 모두 바이러스로 발생하는 인수 공통 전염병이다.

세균과 바이러스는 뭐가 다를까?

세균과 바이러스는 둘 다 우리 몸에 들어와 병을 일으키지만 완전히 다른 존재다.

세균은 완전한 생명체로, 이로운 일을 하는 경우도 많다. 예를 들어 죽은 동식물을 작게 분해하거나 장의 소화를 돕고 된장, 김치 같은 발효 식품을 만들어 주기도 한다. 반면 바이러스는 다른 생명체가 없으면 생명 활동을 하지 못하는 데다가 대부분 인간에게 해롭다.

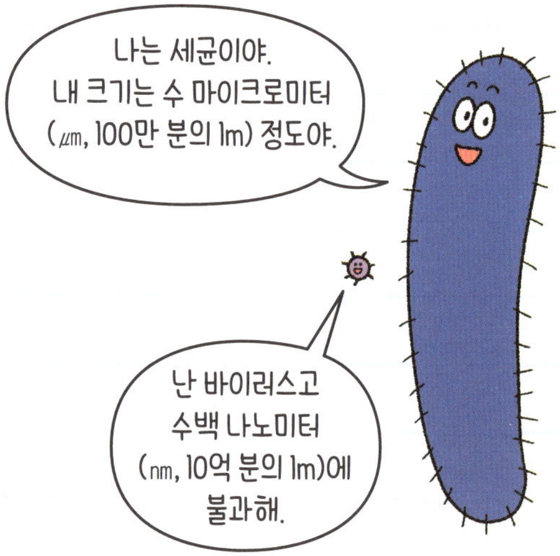

나는 세균이야. 내 크기는 수 마이크로미터 (㎛, 100만 분의 1m) 정도야.
난 바이러스고 수백 나노미터 (nm, 10억 분의 1m)에 불과해.

다행히 바닥은 무척 부드러웠어. 엘베르토가 비뚤어진 모자를 바로 쓰며 말했어.

"이런, 입구가 두 개라 어디로 들어갈지 망설이는 바람에 착지가 조금 거칠었네."

입구가 두 개? 그렇다면 여긴 콧구멍인가?

반대편에서 소란스러운 소리가 들려왔어. 우리 모두 벽에 붙어 귀를 기울였지.

레너드 수첩

엘베르토는 매직 엘리베이터 운전을 잘 못하는 거 같음.

"으악! 바, 바이러스 괴물이다!"
초코가 비명을 지르자 엘베르토가 벽 너머로 소리쳤어.
"그건 콧속에 사는 세균이야. 놀랄 필요 없어. 우리 몸속에는 수많은 세균들이 살고 있거든. 바이러스는 세균보다 훨씬 작아."
그때 바닥에서 끈적끈적한 것이 새어 나오기 시작했어. 엘베르토가 콧구멍 안쪽으로 달리며 외쳤지.
"자, 어서 들어가자!"

훌쩍
왜 콧물이 나오지?

우리는 여기 있어!
바이러스는 어디에 있을까?
바이러스 모험인데 왜 콧구멍으로 들어온 거지?
으악! 콧물이다!

세균은 영어로 박테리아라고 하는데, 라틴어로 작은 막대라는 뜻이다. 세균은 공 모양, 막대 모양, 꼬인 모양 등 아주 다양한 모양으로 생겼다.

독일의 의사였던 로베르트 코흐는 당시 무시무시한 전염병이었던 결핵, 콜레라, 탄저병의 원인이 되는 세균을 최초로 발견했다.

결핵균을 발견한 공로로 노벨상을 받았지.

우리는 엘베르토를 뒤따라갔어. 하지만 곧 끈적이는 콧물에 다리가 푹 빠지고 말았지. 몸집이 작은 레너드와 에드워드는 이미 휩쓸리고 있었어. 우리는 있는 힘을 다해 헤엄쳐 겨우 목구멍에서 다시 만났어.

"후유, 하마터면 콧물에 휩쓸려 큰일날 뻔했네."

"아니, 그 반대야."

엘베르토는 콧물이 바로 바이러스나 세균 같은 병원체를 막기 위한 우리 몸의 방어 수단 중 하나라고 설명해 주었어.

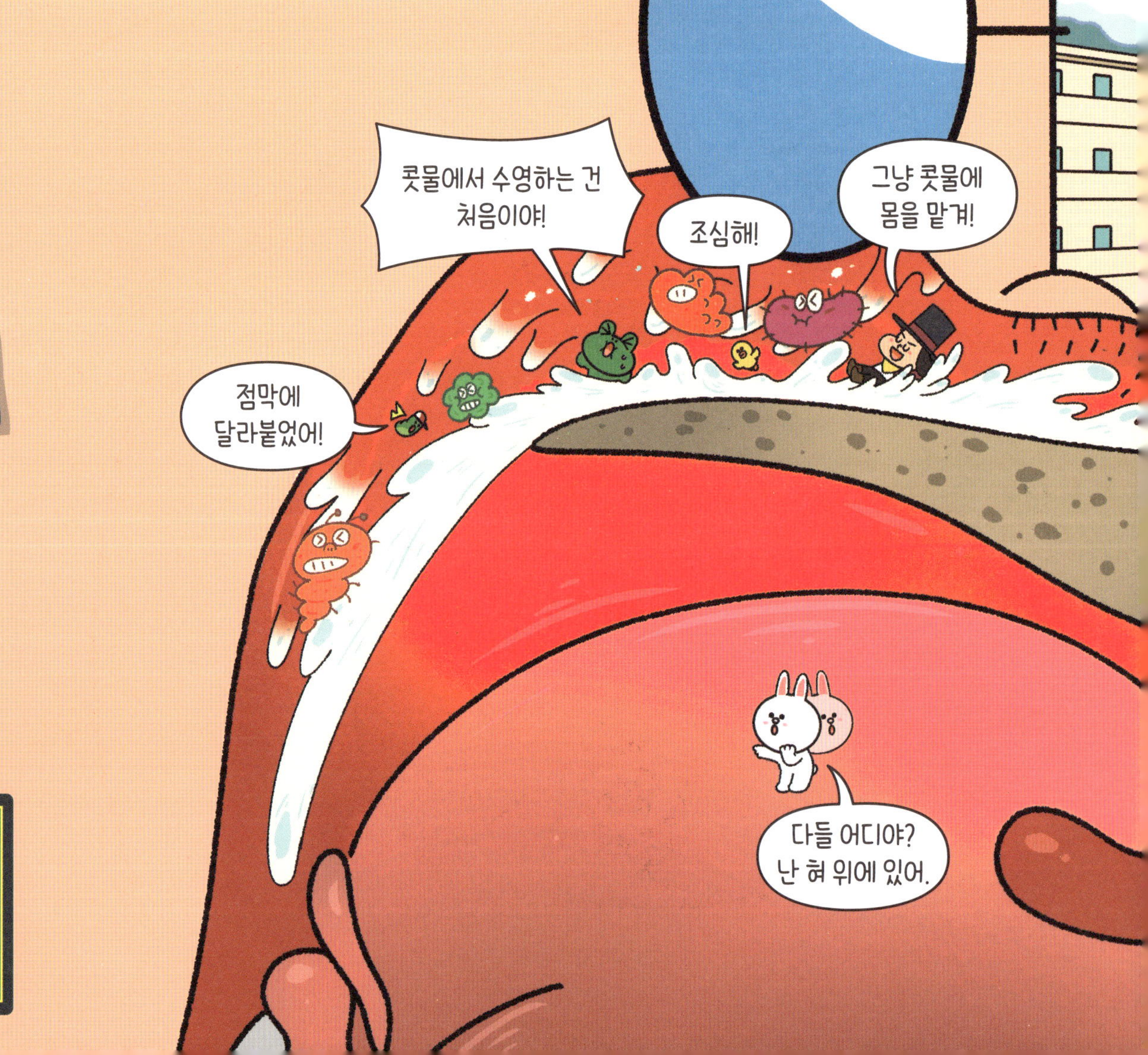

콧물은 왜 날까?

콧물에는 우리 몸을 지킬 수 있는 면역 물질들이 들어 있다. 먼지나 세균 등 오염 물질이 들어오면 몸을 보호하기 위해 콧물을 더 많이 내보낸다. 기침도 콧물과 같은 방어 작용이다.

과학 낱말 사전

점막: 끈적끈적하고 미끄러운 점액을 분비하는 부드러운 피부. 눈, 코, 입, 위장 안에 있다.

병원체: 병의 원인이 되는 세균, 바이러스, 기생충 등의 미생물.

숨 돌릴 틈도 없이 엘베르토는 다시 우리를 재촉했어.

"이럴 시간이 없어. 서둘러!"

"또 어딜 가는 거야?"

겁을 먹은 팡요가 묻자, 엘베르토는 당연하다는 듯 대답했어.

"물론 바이러스가 있는 곳이지! 벌써 몸 이곳저곳에서 바이러스를 막아 내기 위한 반응이 시작되었다고!"

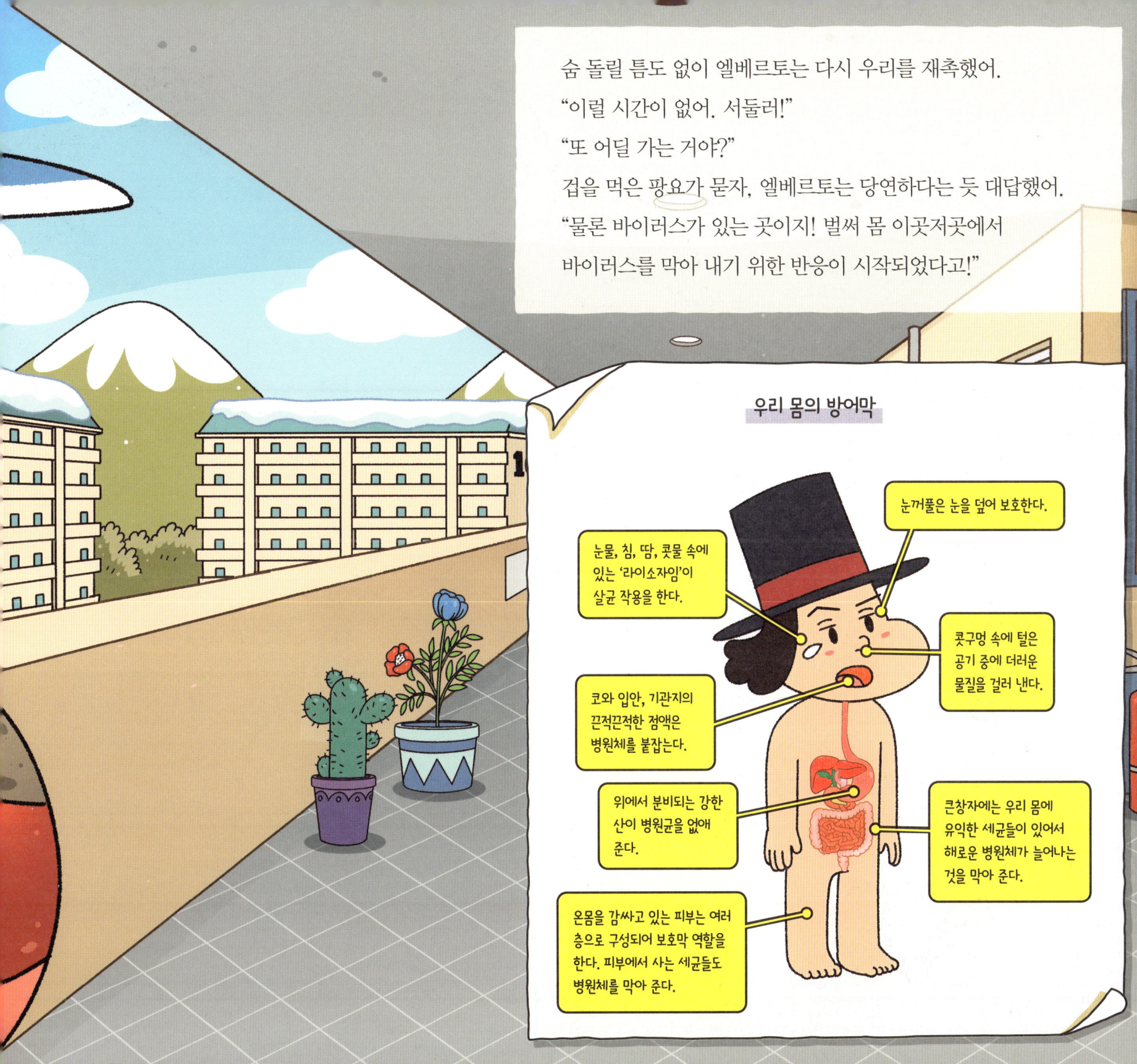

"으악! 대체 어디로 가는 거야?"

"모두 이쪽으로 와. 여긴 폐를 둘러싸고 있는 혈관이야."

어쩐지 아까보다 따뜻해진 느낌이 들었어.

"열이 나고 있는 거 같아!"

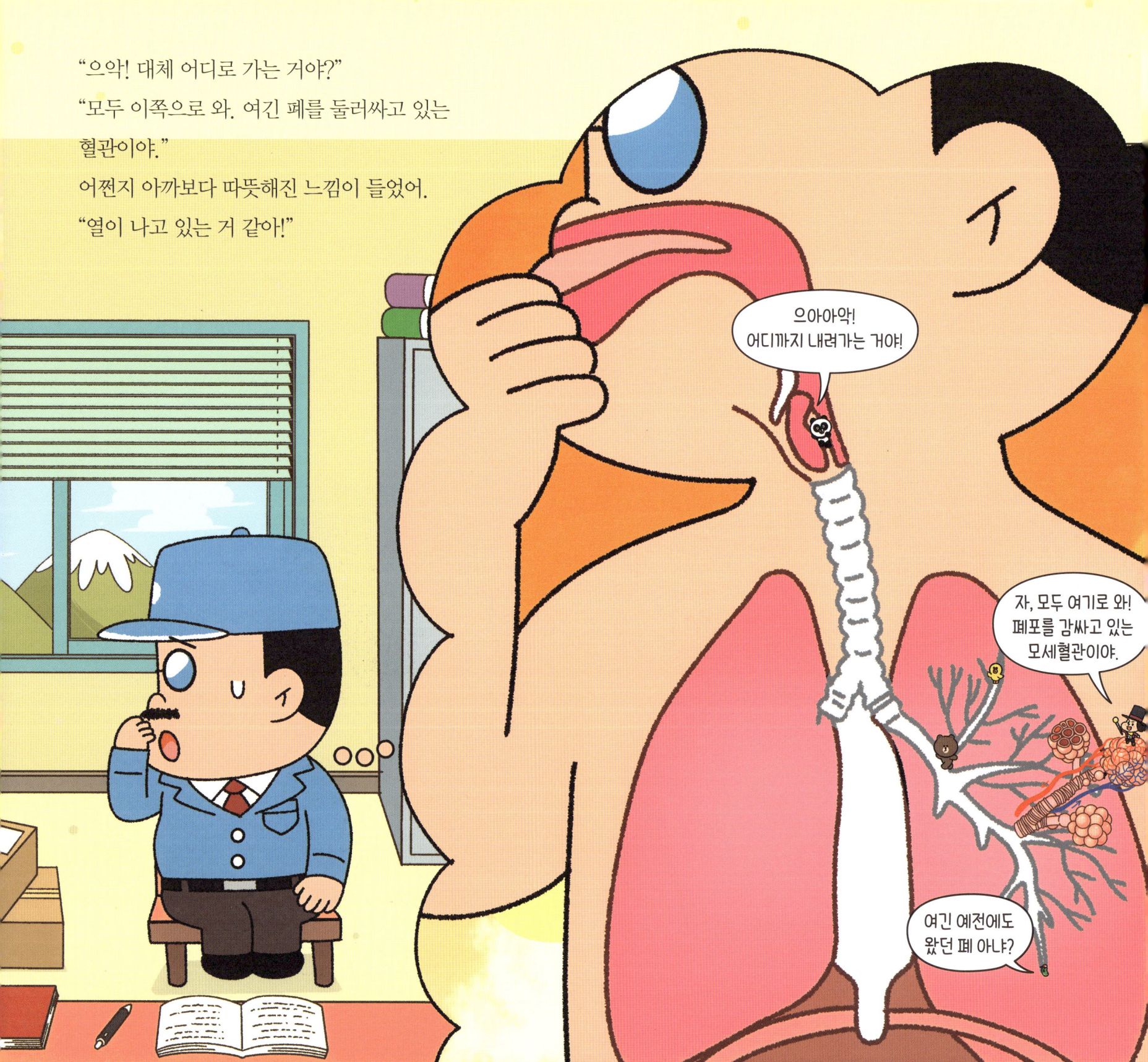

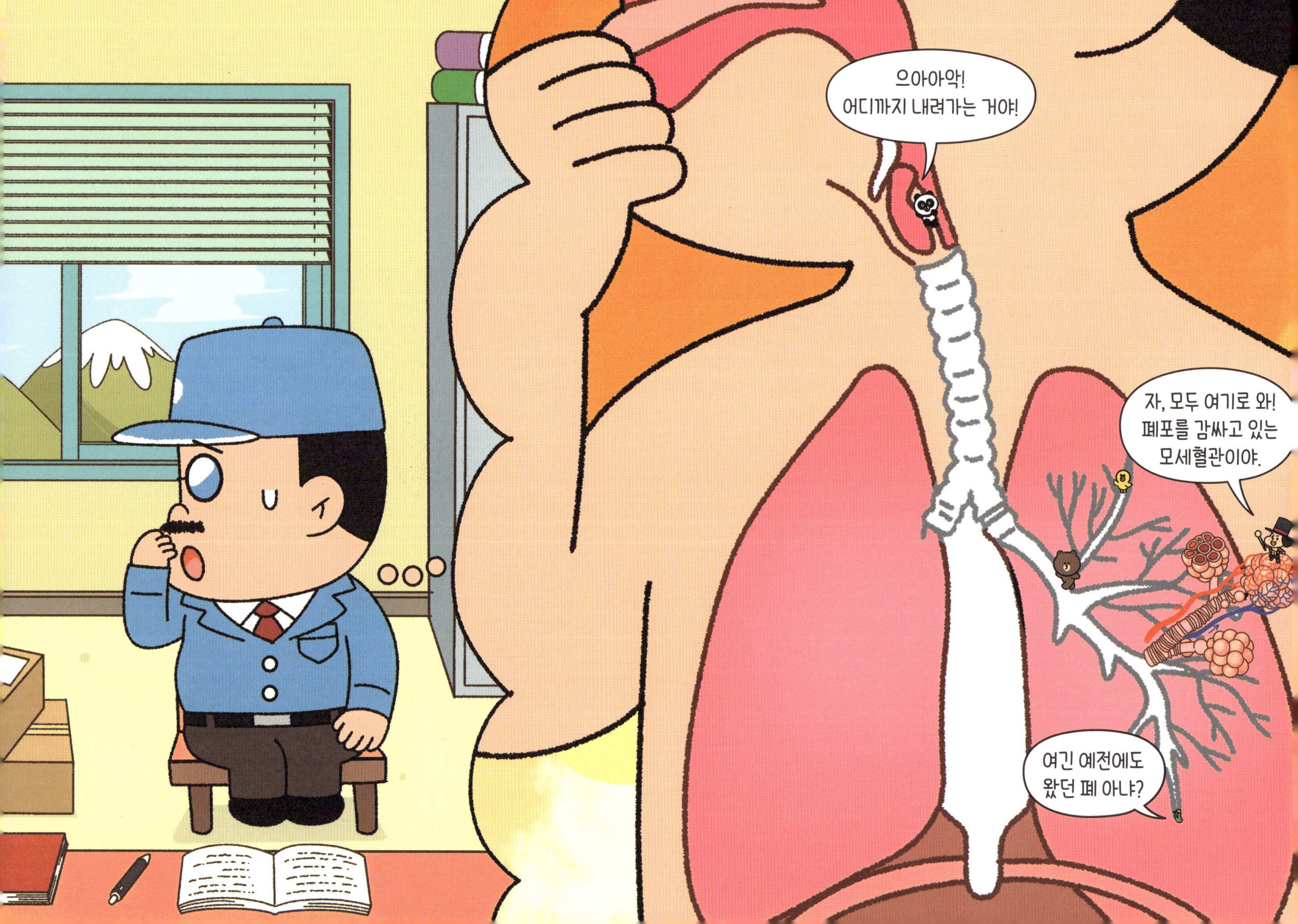

엘베르토는 우리를 안심시키듯 말했어.

"걱정 마. 열이 나야 우리 몸에 있는 백혈구들이 잘 싸울 수 있는 환경이 만들어지니까."

그때 백혈구를 유심히 관찰하던 에드워드가 소리쳤어.

"얘들아, 이리 와 봐. 믿을 수 없는 일이 벌어지고 있어!"

백혈구는 보통 $1mm^3$의 피 안에 5000~10000개가 들어 있다.

$1mm^3$의 실제 부피

백혈구는 면역 기능을 담당하는 면역 세포다. 적혈구와는 달리 백혈구는 모양과 기능이 다양하고 만들어지는 장소도 다르다. 사실 백혈구는 어느 한 종류의 세포가 아니라, 면역을 담당하고 있는 여러 세포를 함께 부르는 말이다.

우리 몸을 지키기 위해 열이 난다?

열이 나는 것은 바이러스나 세균 등의 병원체들이 활동하기 나쁜 환경을 만들기 위해서다. 반대로 백혈구의 활동은 활발해져 더 많은 백혈구들이 병원체가 있는 곳으로 모일 수 있다. 설사, 구토나 기침 역시 해로운 이물질을 밖으로 내보내기 위한 반응이다. 하지만 열이 너무 심하게 오랫동안 나면 오히려 몸에 나쁜 영향을 미친다.

"어라? 백혈구가 혈관 벽을 통과하는 것 같아!"
샐리의 말대로 백혈구는 혈관 밖으로 쑥 빠져나가고 있었어.
엘베르토는 당연하다는 듯 대답했어.
"놀랄 것 없어. 그래야 공격 받는 세포를 도와주러 갈 수 있으니까.
폐 어딘가에 바이러스가 침투했나 보군."

고름 안에도 백혈구가 있다?

백혈구가 병원체와 치열하게 싸우고 죽은 뒤 남은 것이 바로 고름이다.

혈액 속에 있는 백혈구 수를 보면 몸이 건강한지 알 수 있다. 백혈구 수가 너무 적으면 면역 기능이 떨어지고 병에 걸리기 쉬워진다. 반면 백혈병은 면역 능력이 없는 백혈구가 너무 많아져서 생기는 병이다.

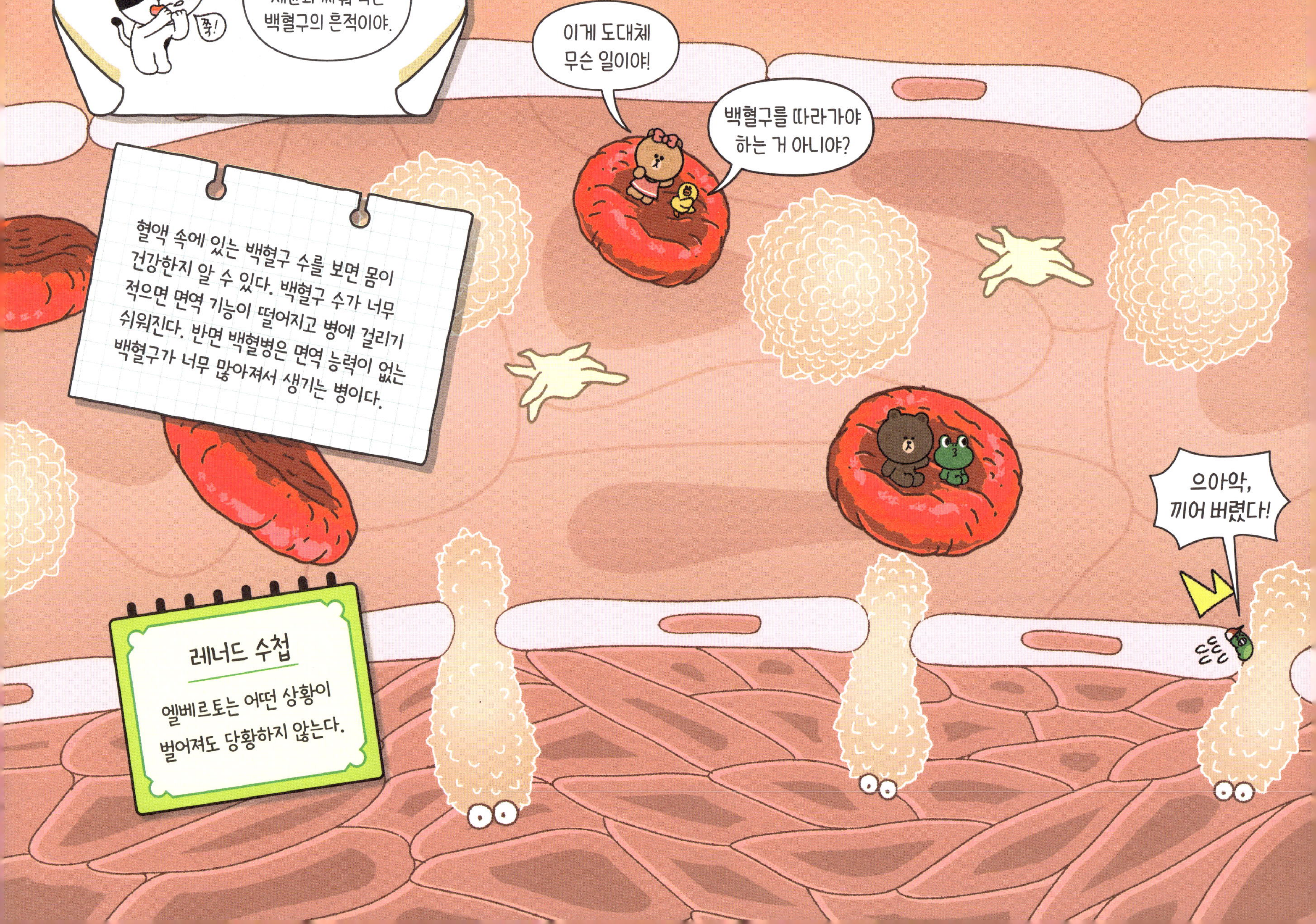

레너드 수첩

엘베르토는 어떤 상황이 벌어져도 당황하지 않는다.

"가까이서 보니까 더 신기해!"
우리의 외침을 뒤로하고 엘베르토는 벌어진 혈관 벽 틈으로 들어가며 말했어.
"서둘러! 백혈구를 따라가면 바이러스를 만날 수 있을 거야!"
우리도 허둥지둥 엘베르토의 뒤를 따라갔지.

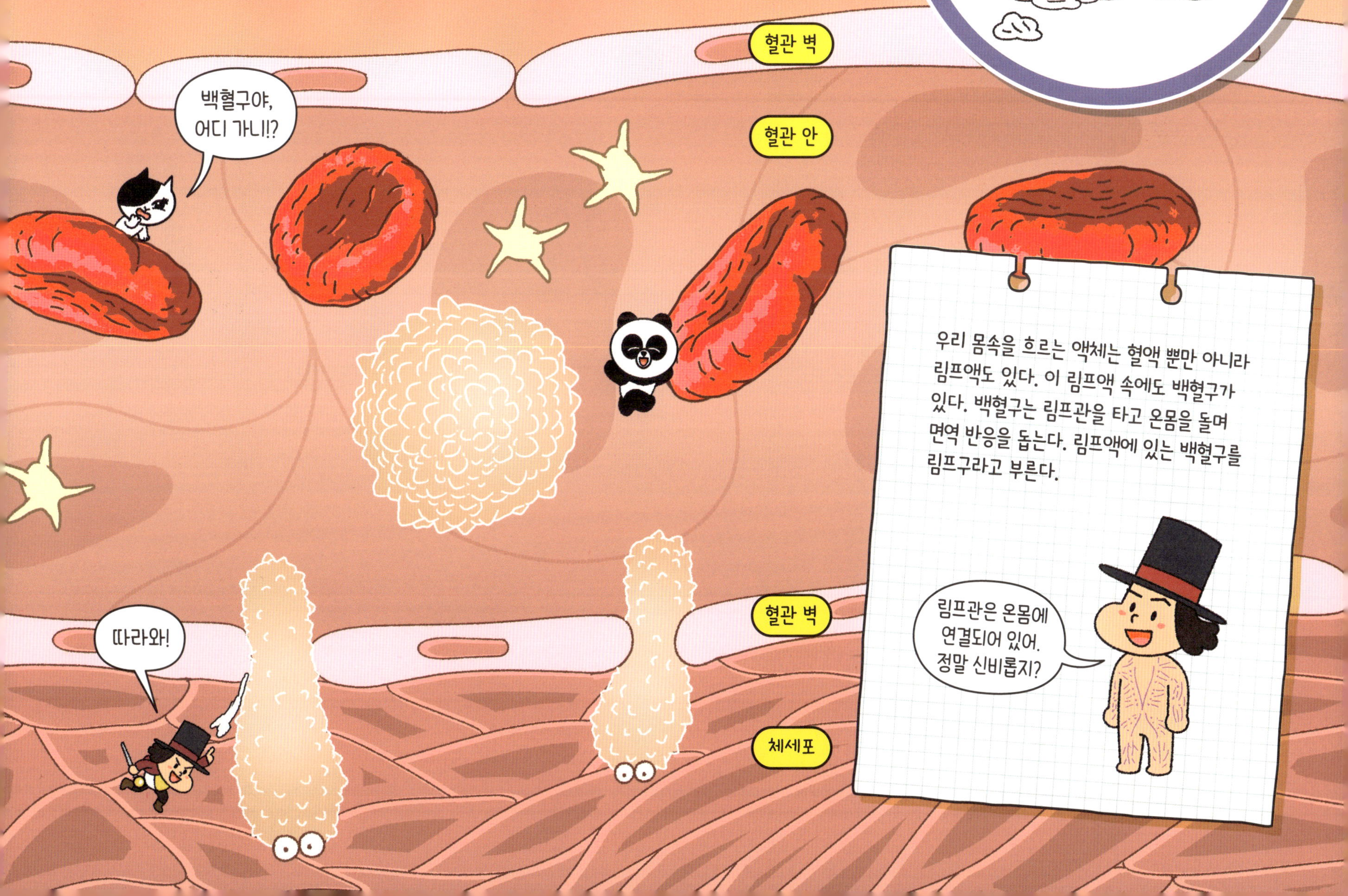

우리 몸속을 흐르는 액체는 혈액 뿐만 아니라 림프액도 있다. 이 림프액 속에도 백혈구가 있다. 백혈구는 림프관을 타고 온몸을 돌며 면역 반응을 돕는다. 림프액에 있는 백혈구를 림프구라고 부른다.

우리가 도착한 곳은 폐포 안이었어.

"드디어 찾았군. 바이러스!"

갑자기 엘베르토가 멈춰 서더니 눈을 가늘게 뜨며 낮은 목소리로 말했어. 우리는 눈앞에 펼쳐진 무시무시한 광경에 몸을 떨었어.

"저게 바, 바이러스?!"

"이러다가 폐가 망가지고 말겠어."

엘베르토의 말에 우리는 발을 동동 굴렀어.

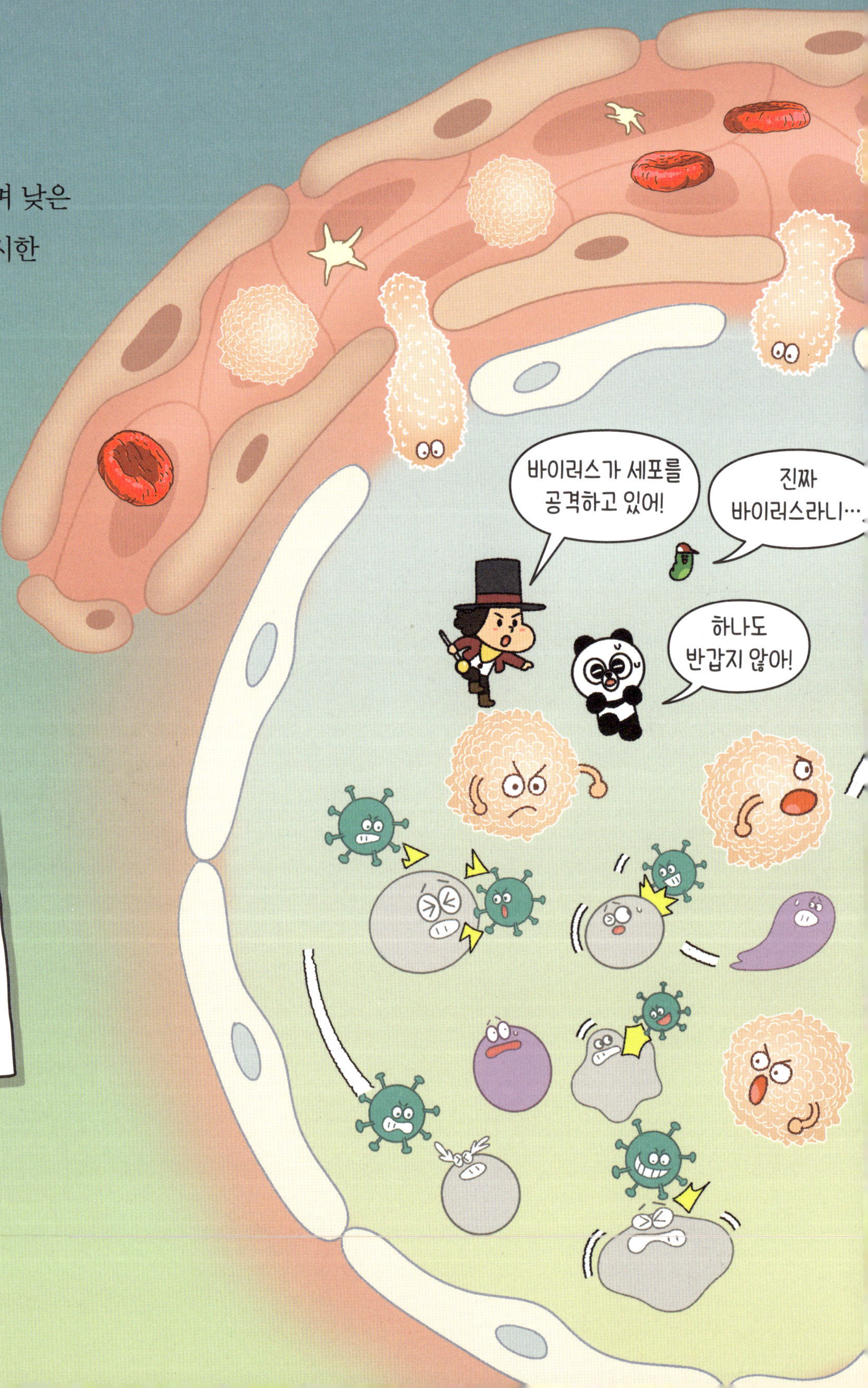

컴퓨터에도 바이러스가 있다?

컴퓨터에 저장된 데이터나 프로그램을 파괴하는 프로그램도 컴퓨터 바이러스라고 부른다. 컴퓨터 바이러스도 실제 바이러스처럼 스스로 복제해 다른 컴퓨터를 전염시킨다. 이 둘은 전혀 다른 존재이지만, 미래에는 컴퓨터 바이러스가 사람 몸에 침입하는 사고가 일어날지도 모른다. 의학이 발달하면서 인공 장기 등 컴퓨터를 이용한 장치들이 점점 늘어나고 있기 때문이다.

과학 낱말 사전

복제: 자기와 똑같은 것을 만들어 내는 것.

"바이러스를 없애는 약은 없어?"

코니가 묻자 엘베르트가 고개를 저었어.

"바이러스는 살아 있는 세포 안으로 들어가 숨어 있어. 바이러스를 죽이면 세포에도 피해가 가기 때문에 직접 없애는 방법은 거의 없다고 봐야지."

"그럼 어떻게 해야 해? 이렇게 당하고만 있어야 하는 거야?"

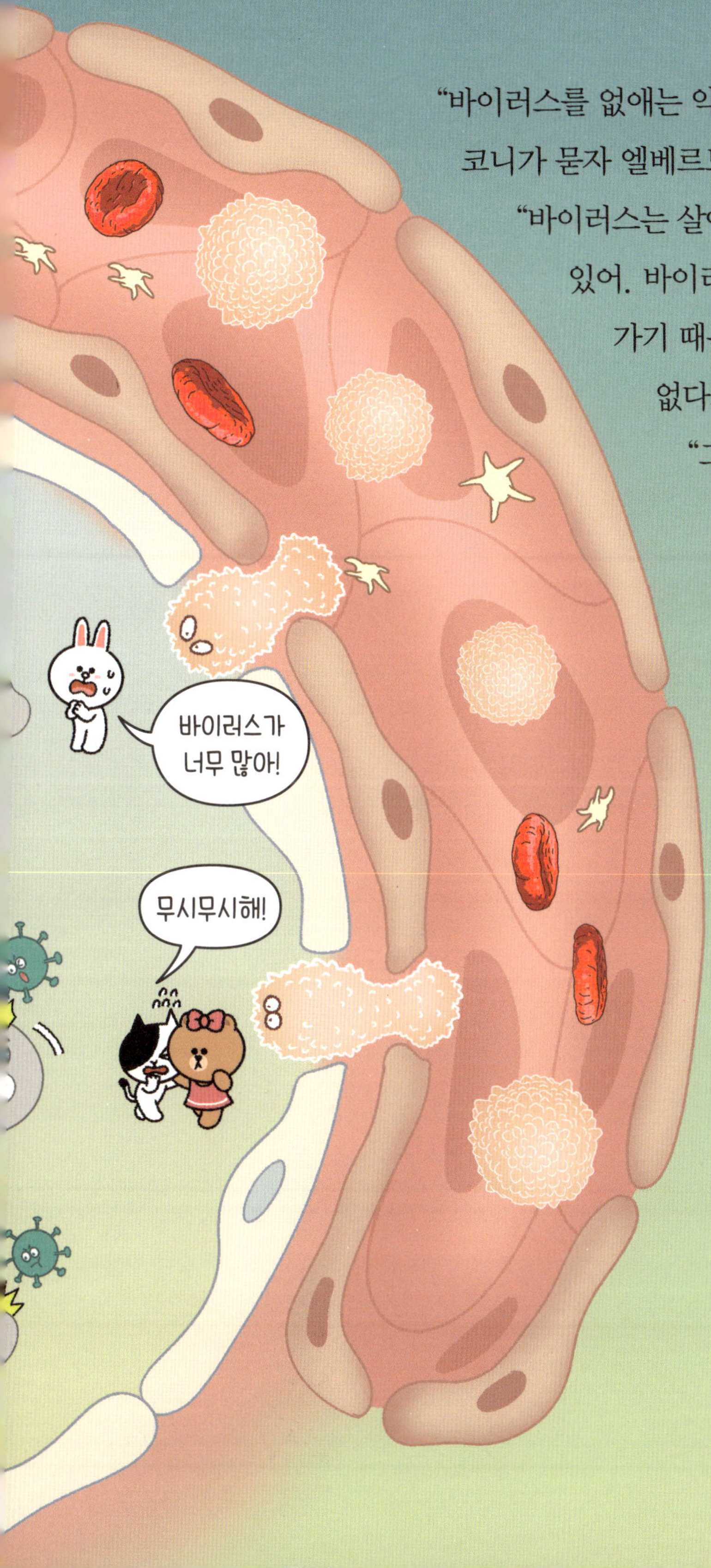

바이러스의 공격법

1. 바이러스가 표면의 돌기와 딱 맞는 세포에 결합하면 세포 안으로 들어간다.
2. 바이러스의 유전자가 세포 속으로 들어간다.
3. 세포가 바이러스의 유전자를 복제하고 수많은 바이러스가 만들어진다.
4. 세포는 막이 터져서 죽고, 세포 밖으로 나간 바이러스는 또 다른 세포를 감염시킨다.

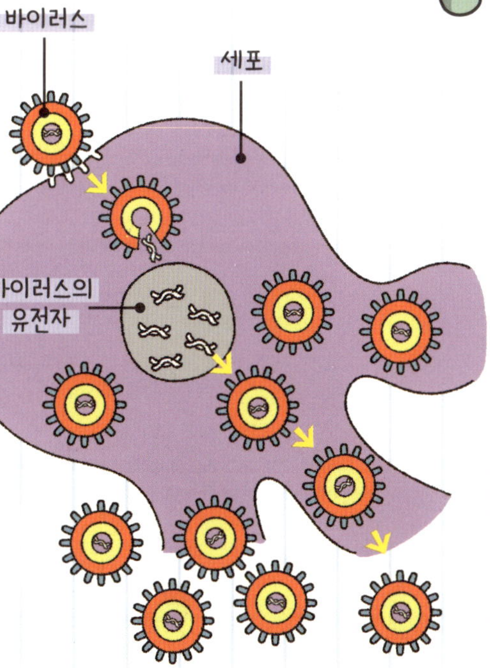

바로 그때였어.
"저기 봐! 백혈구들이 바이러스를 잡아먹고 있어!"
제시카의 말대로 주변에 있던 백혈구들이 급하게
바이러스 쪽으로 움직였어. 그러고는 바이러스를 자기
몸 안으로 쑥 밀어 넣었지.
"이렇게 병원체를 잡아먹는 백혈구를 식세포라고 불러."
엘베르토는 지팡이를 들어 식세포를 가리켰어.

식세포 덕분에 노벨상을?

러시아의 생물학자 일리야 메치니코프는 불가사리를 연구하다가 세포가 병균을 잡아먹는 현상을 발견했다. 그는 이러한 식세포의 면역 반응을 최초로 발견하고 1908년 노벨 의학생리학상을 받았다.

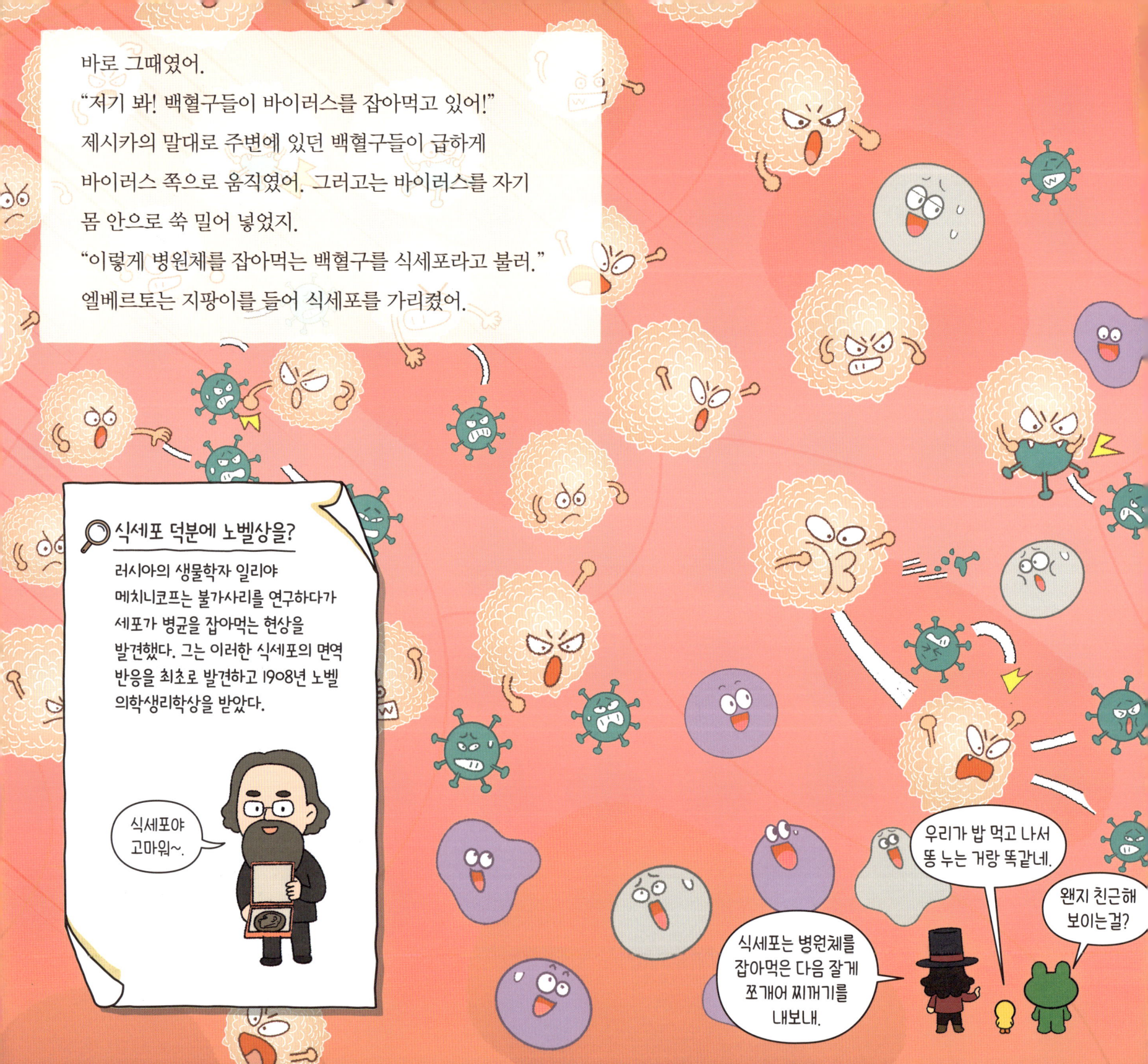

식세포야
고마워~.

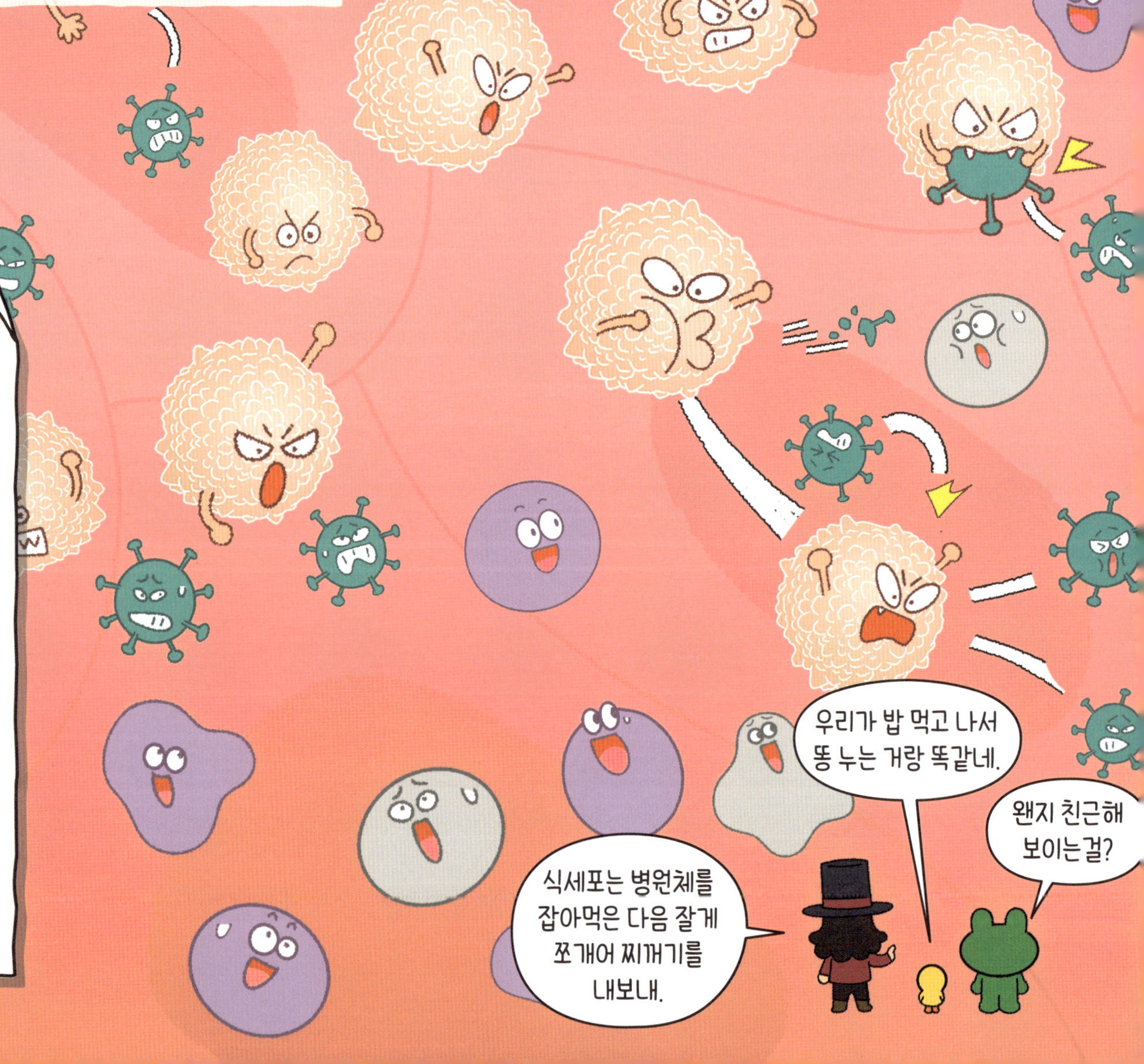
우리가 밥 먹고 나서
똥 누는 거랑 똑같네.
왠지 친근해
보이는걸?
식세포는 병원체를
잡아먹은 다음 잘게
쪼개어 찌꺼기를
내보내.

그때 초코가 이상하다는 듯이 외쳤어.

"어? 저 백혈구는 세포를 잡아먹고 있어! 말려야 하는 거 아니야?"

그러자 엘베르토가 초코 앞을 급하게 가로막았어.

"그럴 필요 없어. 식세포는 병원체뿐만 아니라 감염된 세포도 잡아먹거든."

우리는 식세포의 꼼꼼한 일 처리 능력에 감탄했어.

병원체를 잡아먹는 식세포

식세포 안에는 리소좀이라는 작은 주머니 모양의 기관이 있다. 바이러스나 세균을 세포 안에서 소화시키고 분해하는 역할을 한다.

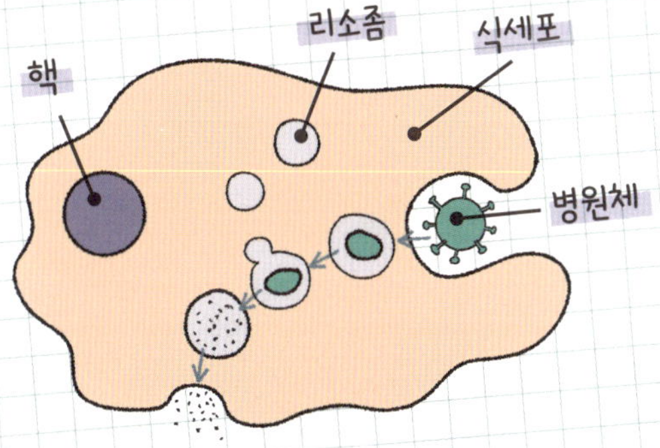

식세포 중에서도 대식세포는 소화시킨 바이러스 조각 일부를 표면으로 드러내어 다른 곳에 있는 백혈구를 불러 모은다.

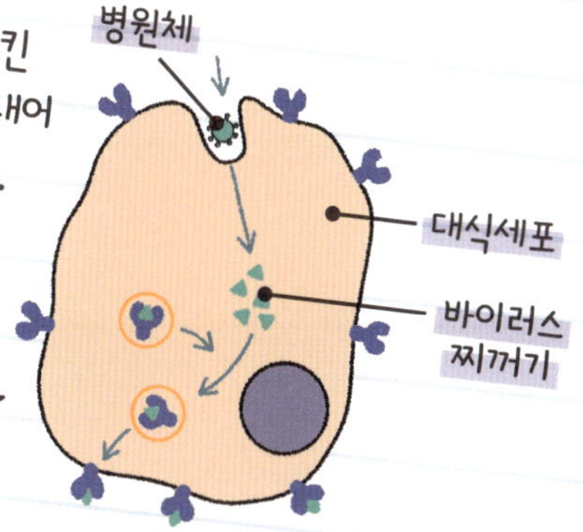

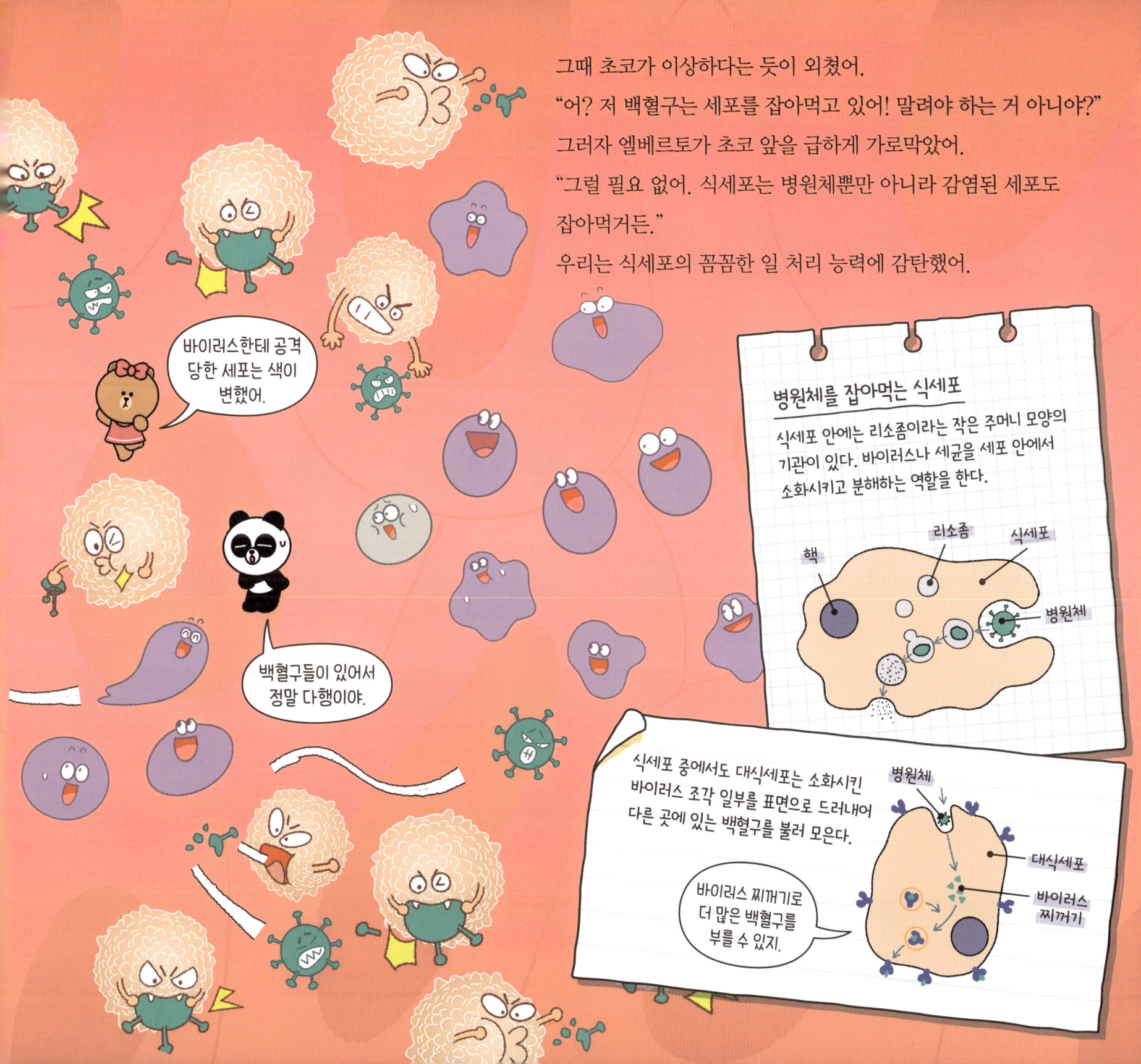

식세포가 쉴 새 없이 공격을 하고 있었지만 바이러스는 너무나 빠른 속도로 수가 늘어났어.

"백혈구가 밀리는 것 같은데? 이러다 당하겠어!"

우리 모두 손에 땀을 쥐고 바이러스와 백혈구의 전투 장면을 조마조마하게 지켜보았어. 바로 그때였어.

T세포

우리 몸에 어떤 바이러스가 침입했는지 알아내고 알린다. 특히 킬러 T세포는 병원체에 감염된 세포를 찾아내어 파괴한다.

"드디어 특수 부대가 도착했군. B세포와 T세포야."

엘베르토는 팔짱을 끼며 고개를 끄덕였어. 그 뒤로 다양한 백혈구들이 몰려와 공격을 퍼부었지. 엘베르토는 주변에 둥둥 떠다니는 Y자 모양의 막대기를 양손에 집어들었어. 그리고 조심스럽게 바이러스 겉면에 튀어나온 돌기에 갖다 대었지. 그러자 놀랍게도 자석처럼 착 달라붙었어. 바이러스는 더 이상 세포를 공격하지 못했지. 우리는 입이 떡 벌어졌어.

"마법 같아!"

B세포

항체를 많이 만든다. 항체는 병원체에 달라붙어서 힘을 못 쓰게 한다.

항체는 병원체에 감염됐을 때 이에 맞서는 물질로 Y자 모양으로 생겼다. 항원은 바이러스나 세균처럼 몸의 외부에서 들어오는 물질이다. 항원이 몸속으로 들어오면 우리 몸은 항체를 만들어 항원의 힘을 빼앗는다. 항체는 특정한 항원하고만 결합을 한다.

알레르기도 항원 항체 반응이라고?

알레르기란 우리 몸이 꽃가루나 털, 먼지, 특정한 음식 등을 항원으로 생각하고 과도하게 면역 반응이 일어나는 것을 말한다. 두드러기, 콧물, 눈물 같은 증상이 나타난다. 심한 경우에는 목숨이 위험할 수도 있다.

“백혈구들이 바이러스를 모두 물리친 거야?”

초코가 묻자 엘베르토는 매직봉을 휘두르며 말했어.

“2주 전에 무슨 일이 있었는지 볼까? 경비 아저씨는 독감 예방 주사를 맞았어. 이번에 경비 아저씨 몸속에 들어온 바이러스는 감기바이러스였지만 만약 독감바이러스였다면 면역력이 있어서 빠르게 물리쳤을 거야.”

“우아. 진짜 신기하다!”

모두들 놀라며 말했지.

백신은 특정한 바이러스의 감염을 예방하기 위한 약물로 대부분 주사로 맞는다. 약물을 몸속에 직접 넣어야 효과가 크기 때문이다. 지금은 먹거나 바르는 등 여러 가지 형태의 백신이 개발되고 있다.

감기와 독감은 다르다!

감기를 일으키는 바이러스의 종류는 200여 가지나 된다. 반면 독감은 인플루엔자바이러스 때문에 걸린다. 감기는 특별한 백신이 없이 하루에서 일주일 정도 휴식을 취하면 대부분 좋아지지만 독감은 일주일 이상 심한 고열과 피로감 등이 나타나서 미리 예방 접종을 하는 것이 좋다.

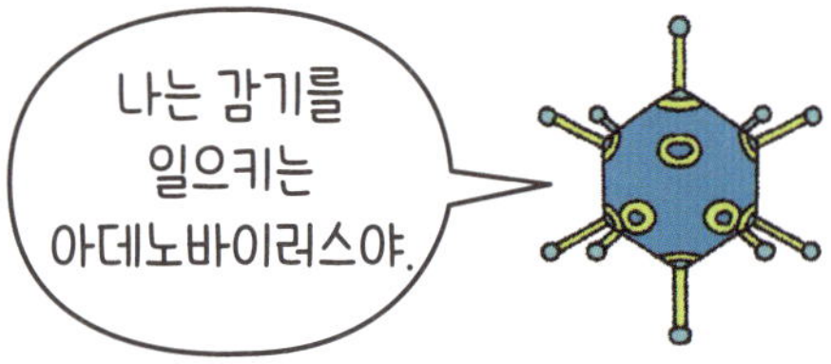
나는 감기를 일으키는 아데노바이러스야.

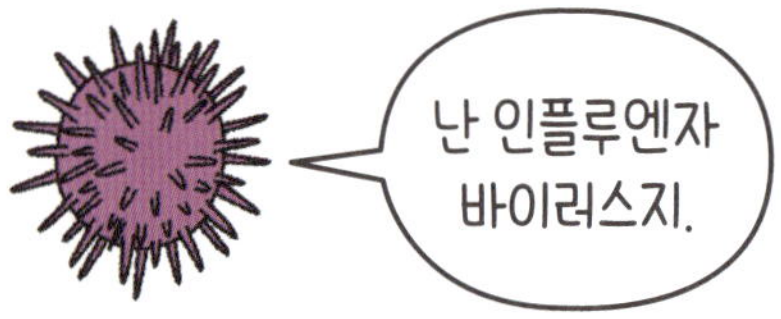
난 인플루엔자 바이러스지.

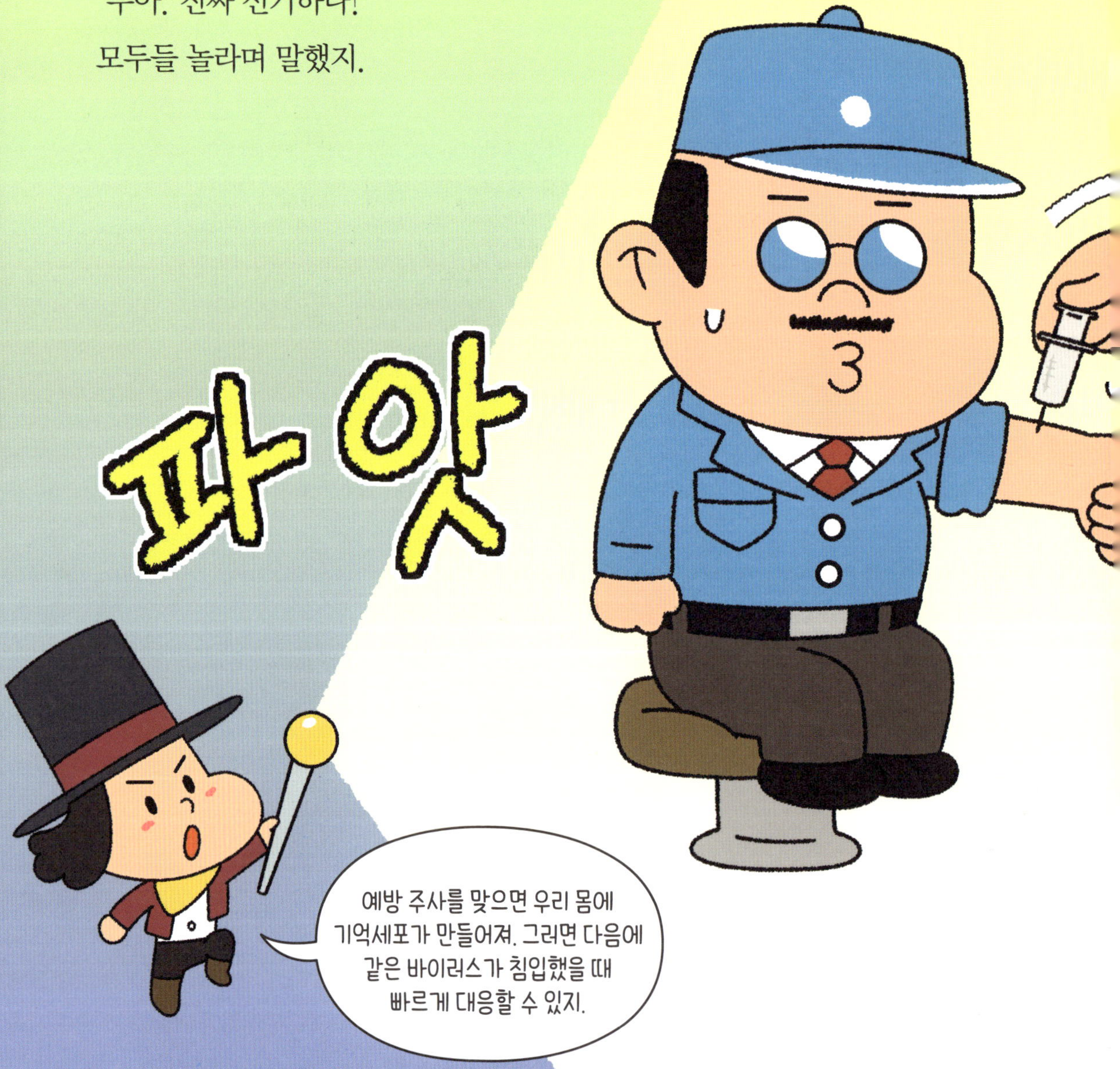
파앗
예방 주사를 맞으면 우리 몸에 기억세포가 만들어져. 그러면 다음에 같은 바이러스가 침입했을 때 빠르게 대응할 수 있지.

과학 낱말 사전

면역력: 병원체에 저항하는 힘.

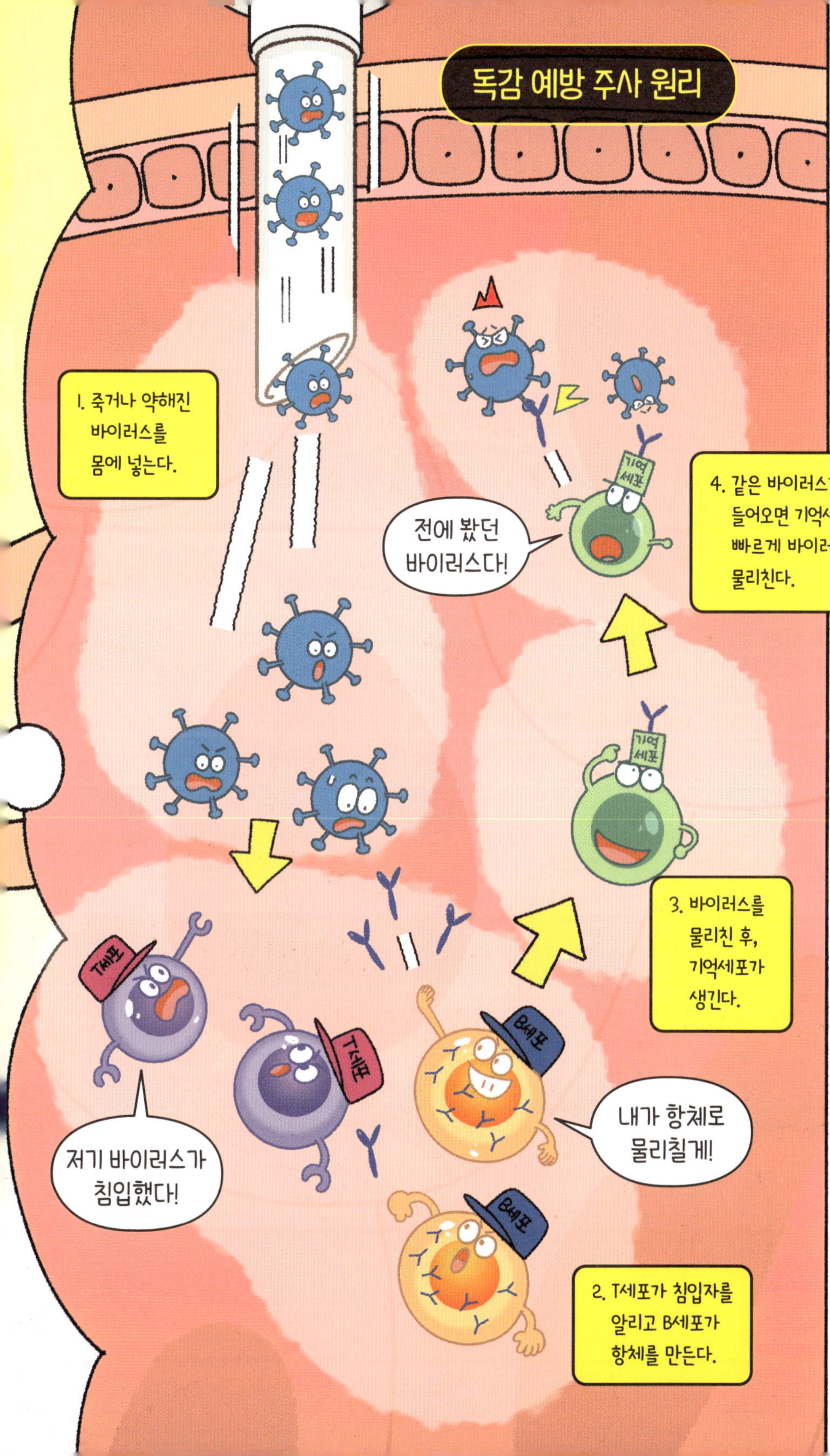

그때였어. 갑자기 주변이 우르릉 울리기 시작했고 우리는 중심을 잃고 쓰러졌지. 엘베르토가 손짓하며 외쳤어.

"자, 시간이 없어! 빨리 엘리베이터에 올라타!"

"모험이 다 끝난 게 아니야?

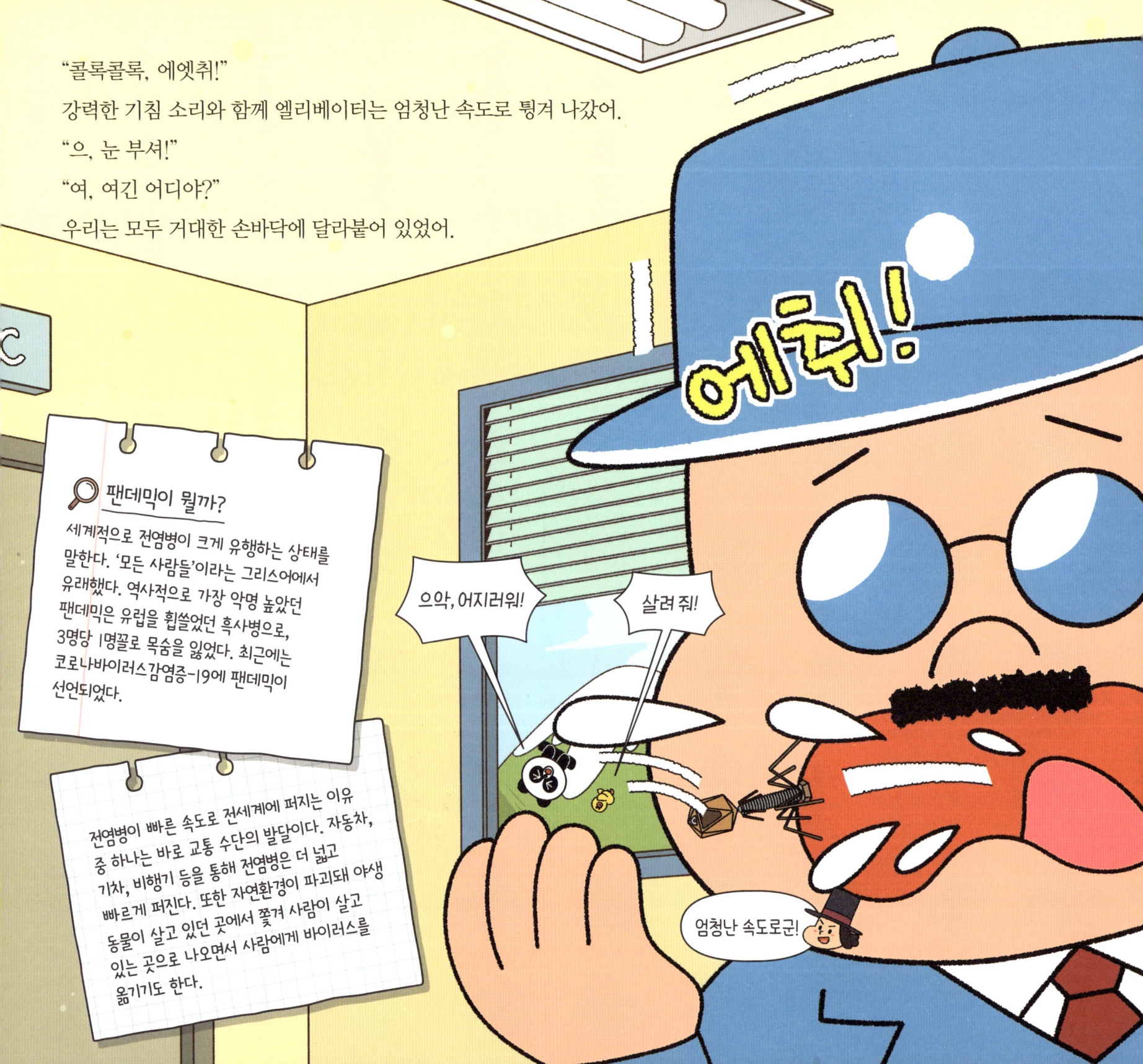

"콜록콜록, 에엣취!"

강력한 기침 소리와 함께 엘리베이터는 엄청난 속도로 튕겨 나갔어.

"으, 눈 부셔!"

"여, 여긴 어디야?"

우리는 모두 거대한 손바닥에 달라붙어 있었어.

팬데믹이 뭘까?

세계적으로 전염병이 크게 유행하는 상태를 말한다. '모든 사람들'이라는 그리스어에서 유래했다. 역사적으로 가장 악명 높았던 팬데믹은 유럽을 휩쓸었던 흑사병으로, 3명당 1명꼴로 목숨을 잃었다. 최근에는 코로나바이러스감염증-19에 팬데믹이 선언되었다.

전염병이 빠른 속도로 전세계에 퍼지는 이유 중 하나는 바로 교통 수단의 발달이다. 자동차, 기차, 비행기 등을 통해 전염병은 더 넓고 빠르게 퍼진다. 또한 자연환경이 파괴돼 야생 동물이 살고 있던 곳에서 쫓겨 사람이 살고 있는 곳으로 나오면서 사람에게 바이러스를 옮기기도 한다.

손바닥은 여기저기 돌아다니며 물건들을 만지기 시작했지. 손바닥에 붙어 있던 바이러스는 문 손잡이, 수건, 핸드폰에 묻었어.

“손이 이런 일을 하고 있을 줄이야….”

레너드가 충격을 받은 듯 말끝을 흐렸어.

“바이러스는 이렇게 사람과 사람, 방, 건물, 도시 그리고 나라와 나라, 대륙과 대륙으로 퍼져. 전 세계적으로 동시에 같은 전염병이 유행하기도 하지.”

"그나저나 여기서 어떻게 벗어나지?"

제시카가 걱정스러운 표정으로 물었어. 그때 거대한 손이 어디론가 향했어. 우리가 도망치기도 전에 손은 온통 비누 거품으로 뒤덮였지.

"저것 봐. 바이러스 막이 녹고 있어!"

샐리의 말대로 바이러스들의 막이 분해되고 있었어.

손은 우리 몸 가운데 바이러스와 가장 접촉을 많이 하는 부위다. 또 우리는 수시로 손을 얼굴에 가져간다. 바이러스는 손 위에서 약 5분 정도 살아남지만 버스나 지하철, 문손잡이 등 사람들의 손이 계속 거쳐가는 곳에서는 바이러스가 끊임없이 들러붙는다. 따라서 손을 잘 씻는다면 수많은 질병을 예방할 수 있다.

유엔(UN)에서는 여러 감염병 때문에 어린이들이 사망하는 것을 막기 위해 10월 15일을 '세계 손 씻기의 날'로 지정했다.

신기해!
차라리 눈을 감는 게 낫겠어.

문제는 그 다음이었지. 우리도 거품 속에 갇혀 허우적거리고 있었으니까. 거대한 손은 세차게 흐르는 수돗물로 향했어.

"안 돼! 물에 씻겨 내려가겠어!"

바로 밑은 하수구로 이어져 있었지. 손쓸 틈도 없이 우리는 쏴아– 하며 쏟아지는 거센 물줄기와 함께 떠내려가고 말았어.

"아쉽지만 여기까지…."

엘베르토의 작별 인사는 우리의 비명에 묻혔지.

손 씻기 외에도 침방울이 튀지 않도록 마스크를 쓰거나 기침할 때 손이 아닌 옷 소매로 가리는 기침 예절을 지키는 것으로도 전염병을 예방할 수 있다. 무엇보다 가장 기본적이고 중요한 방법은 우리 몸의 면역 세포들이 바이러스의 공격을 이겨 낼 수 있도록 잘 먹고 잘 자고 운동을 꾸준히 하면서 몸을 건강하게 유지하는 것이다.

내 건강 비결은 긍정적인 성격이라고!
그것도 지나치면 병이야….

정신을 차리고 허둥지둥 밖으로 나가 보니 병원이었지.
"나 독감 예방 주사 맞으러 갈 건데 같이 갈 사람?"
코니는 이제 감기 예방 주사라고 말하지 않았지. 주사가 무섭다고 겁을 먹었던 팡요는 어느새 용감하게 팔을 걷어붙이고 주사를 맞고 있었어. 물론 고개를 돌리고 눈은 질끈 감은 채였지만 말이야.

예방 주사는 왜 매년 맞아야 할까?

바이러스는 매년 유행할 때마다 조금씩 모습을 바꾼다. 매년 봄에 세계보건기구(WHO)가 그해 유행할 것으로 예상되는 바이러스를 발표하면, 제약사에서는 이를 참고해 백신을 만든다.

백신을 계란에서 만든다고?

보통 백신을 만들 때는 유정란을 이용한다. 유정란은 병아리가 될 수 있는 계란을 말한다. 유정란에 구멍을 뚫고 바이러스를 넣어 키운 다음, 계란을 깨고 바이러스를 분리하여 백신을 만든다. 그래서 계란 알레르기가 있는 사람은 해당 백신을 접종할 수 없다. 하지만 동물 세포를 이용해 만든 백신이 개발되어 계란 알레르기가 있는 사람이라도 지정된 병원에서 독감 예방 접종을 받을 수 있게 되었다.

복도 끝에 마련된 강의실에서는 손 씻기를 주제로
강연이 열리고 있었어. 우리는 어느새 고개를 끄덕이며
듣고 있었어. 손 씻기가 얼마나 중요한지 몸으로 직접
체험했으니까!

일주일 뒤, 우리는 아지트에 모였어. 바이러스를 만난 흥미진진한 모험을 단순히 추억으로만 남길 순 없었거든. 우리는 보고 겪은 일을 대본으로 적고 무대를 꾸며 연극을 해 보기로 했어.

우리가 봐도 정말 재미있었지. 이러다가 여기저기서
초청을 받고 인기 스타가 되는 거 아니야?

브라운의 비밀
두리번
나비
잡고 싶어.
아, 갈증 나.
내가 배고픈 줄
어떻게 알고?
브라운은 그 많은 물건을
어떻게 들고 다니는 거지?
가방을 메고 다니는 것
같지 않은데….
몸속에서도!
공룡 탐험을 갔을 때도!
우주에서도!
달 탐사선

흠, 궁금해!
좋았어! 이 명탐정 님께서 미스터리를 풀어 보도록 하지!
으윽, 갑자기 배가….
다다다
휴우, 살았다….
으아아악!!!! 휴지가 없잖아?!
스으윽
브…브라운?!
크윽, 화장실 문을 열고 볼일을 봤어야 했는데….

★ 감수자의 글 ★

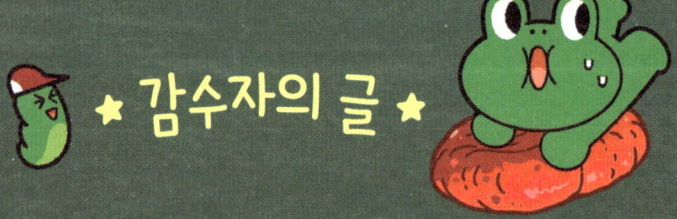

우리가 살고 있는 세상에는 궁금한 것도 많고 알고 싶은 것도 많습니다.
이러한 궁금증은 바로 과학을 통해 해결할 수 있지요. 과학은 어떤 사건이나 현상을 이해할 수 있는 기본 원리가 담긴 학문입니다. 저학년 어린이들은 과학에 대한 흥미가 높습니다.
현미경, 시험관, 비커 등의 실험 기구를 가지고 탐구하며 신나게 궁금한 점을 해결합니다.
그런 과정을 통해 과학이 우리의 생활과 뗄 수 없는 것임을 알기도 합니다.
하지만 고학년으로 갈수록 과학을 점점 어렵게 생각하고 포기하는 학생들이 늘어납니다. 왜 그럴까요?
과학의 개념들을 충분한 이해 없이 그저 외우려고만 하기 때문입니다.
학년이 올라갈수록 배워야 하는 과학의 양은 늘어나니 외워야 할 것이 많아지고,
개념이 복잡해지기 때문에 과학이 어렵다고 느끼는 것이지요. 따라서 어렸을 때 과학을 외워야 하는 따분한 과목이 아닌 재미있는 과목으로 느낄 수 있도록 해야 합니다.

매직 엘리베이터를 타고 과학 모험을 떠나 보세요. 평소 궁금했던 여러 가지 현상들의 과학 원리에 대해 알 수 있답니다. 브라운앤프렌즈 캐릭터들과 함께 사람의 몸속, 공룡 시대, 곤충의 세계, 별과 우주, 심해 등 다양한 곳을 탐험하면서 자연스럽게 과학에 대한 흥미와 호기심, 지식을 쌓을 수 있습니다.

매직 엘리클럽에 가입하고 신나는 모험의 세계로 떠나 볼까요?

- 황신영 -

매직 엘리베이터

라인프렌즈 지식그림책 바이러스

글 송지혜 **그림** 도니패밀리 **감수** 황신영
초판 1쇄 인쇄 2022년 8월 16일
초판 1쇄 발행 2022년 8월 31일

펴낸이 김영곤
키즈사업본부장 김수경 **에듀1팀** 김지혜 김현정 김지수 **디자인** 박지영
아동영업마케팅본부장 변유경 **아동영업1팀** 이도경 오다은 김소연 **아동영업2팀** 한충희 오은희 강경남
아동마케팅1팀 김영남 이규림 황성진 황혜선 **아동마케팅2팀** 임동렬 이해림 안정현
라인프렌즈 강병목 김은솔 김태희

펴낸곳 (주)북이십일 아울북 **출판등록** 2000년 5월 6일 제406-2003-061호
주소 (우 10881) 경기도 파주시 문발동 회동길 201
연락처 031-955-2100(대표) 031-955-2414(내용문의) 031-955-2177(팩스) **홈페이지** www.book21.com
ISBN 978-89-509-4145-1 (74400)

*책값은 뒤표지에 있습니다. *잘못 만들어진 책은 구입하신 서점에서 교환해 드립니다.

- 제조자명 : (주)북이십일
- 주소 및 전화번호 : 경기도 파주시 회동길 201(문발동) 031-955-2100
- 제조연월 : 2022년 8월 31일
- 제조국명 : 대한민국
- 사용연령 : 3세 이상 어린이 제품

오래된 물건들은 신비한 힘을 품고 있어.
매일같이 보던 물건이 유난히 다르게 보일 때가 있지.
그때가 바로 신비한 힘이 발휘되는 순간이야.
마치 마법처럼 말이야.